DEVOCIONAL DE 90 DÍAS

SANANDO EL CORAZÓN

SOBRE LAS RUINAS QUE OTROS DEJARON,
DIOS CONSTRUIRÁ UN PALACIO

JOSÉ LUIS NAVAJO

WHITAKER
HOUSE
Español

Editado por: Ofelia Pérez

SANANDO EL CORAZÓN
SOBRE LAS RUINAS QUE OTROS DEJARON, DIOS CONSTRUIRÁ UN PALACIO

1 2 3 4 5 6 7 8 9 10 11 ⨂ 31 30 29 28 27 26 25 24

DEDICATORIA

A ti que te rompieron el corazón y hoy lo lamentas.

Sobre las ruinas que otros dejaron,
Él construirá un palacio.

No te rindas; la respuesta a nuestra oración comienza
en el cielo antes de que nosotros
la sintamos en la tierra.

ÍNDICE

DÍA 1

RUINAS

A ti, que te rompieron el corazón y hoy lo lamentas. Sobre las ruinas que otros dejaron, Él construirá un palacio.

*Porque tú, Jehová de los ejércitos, **Dios** de Israel, revelaste al oído de tu siervo, diciendo: Yo te **edificaré** casa. Por esto tu siervo ha hallado en su corazón valor para hacer delante de ti esta súplica.* (2 Samuel 7:27)

ORACIÓN

Padre, te doy gracias porque estoy viva. Mi mundo se vino abajo por una mala decisión que no consulté contigo. Solo tú puedes reconstruir mi vida y quiero depender de ti sabiendo que, de estas ruinas emocionales y espirituales, tu edificas lo mejor de mi vida. Ayúdame a dejar atrás estas situaciones como un aprendizaje. Tú estás a cargo de mi restauración y me comprometo a escuchar solamente tu voz. En el nombre de Jesús. Amén.

DÍA 2

EN PAZ

Tú puedes transformar esa cicatriz que tienes en el alma, en un mapa que pueda orientar a otros a encontrar la paz.

> *Estas cosas os he hablado para que en mí tengáis **paz**. En el mundo tendréis aflicción; pero confiad, yo he vencido al mundo.* (Juan 16:33)

ORACIÓN

Señor, solo tú puedes sanar mis heridas de amor. Me ayuda a creer en ti, saber que, si has vencido al mundo, en tu nombre yo puedo recibir tu promesa de sanidad y de paz. Llévame a representar para otros un testimonio de paz, una guía hacia la libertad espiritual y del alma; una libertad que solo alcanzamos en ti y por ti. En el nombre de Jesús. Amén.

DÍA 3

OBRA PERFECTA DE DIOS

Tómate un momento para apreciar lo increíble que eres. Si no logras ver lo que vales, es probable que te juntes con quienes tampoco sepan verlo.

> *Mirad las aves del cielo, que no siembran, ni siegan, ni recogen en graneros; y vuestro Padre celestial las alimenta. ¿No valéis vosotros mucho más que ellas?* (Mateo 6:26)

ORACIÓN

Padre, sé que a veces no puedo ver la persona valiosa que en realidad soy. Olvido que soy tu máxima creación y tampoco me doy a valer por los demás. Te pido que me abraces, porque en ti encuentro mi verdadero valor. Recuérdame todo el tiempo que fui creada a imagen y semejanza tuya, y que debo verme en tu espejo. Desde hoy no me dejaré confundir por el enemigo, y veré tu rostro en mí. En el nombre de Jesús. Amén.

DÍA 4

DOLOR VERTIDO EN AMOR

Tus lágrimas pueden convertirse en pañuelos que enjuguen las lágrimas de otros.

Tú cambiaste mi duelo en alegre danza; me quitaste la ropa de luto y me vestiste de alegría.   (Salmos 30:11, NTV)

ORACIÓN:

Gracias por convertir mis lágrimas, Señor, en agua refrescante que calmará en otros su sed de paz y su necesidad de ver, más allá de su dolor, su restauración y un futuro de alegría. Solo tú eres capaz de cambiar tristezas por gozo. Espíritu Santo, lléname de ti para ser testimonio de tu poder y ser de bendición para los demás. En el nombre de Jesús, amén.

DÍA 5

APRENDER DE LA AFLICCIÓN

Hay que darle al dolor su tiempo, tienes que guardar las jornadas de duelo para renacer bien. La aflicción no se hace productiva solo con ingerirla, es preciso digerirla.

> *Por tanto, guárdate, y guarda tu alma con diligencia, **para** que no te olvides de las cosas que tus ojos han visto, ni se aparten de tu corazón todos los días de tu vida; antes **bien**, las enseñarás a tus hijos, y a los hijos de tus hijos.*
>
> (Deuteronomio 4:9)

ORACIÓN

Dios todopoderoso, he pasado algunos desiertos y otros que atravieso en este momento, sé que pasarán. Sé que tú los has convertido en grandes enseñanzas porque conviertes en bendición todo lo que parece negativo. Permíteme entender que estos procesos me harán más fuerte, y que esa fuerza vendrá de tu Espíritu Santo, no de mis vanos esfuerzos. Gracias, Señor, por todo lo bueno que pones en mi camino para superarme.

DÍA 6

AGRADECE TU HOY

El pasado no es un lugar confortable donde vivir, y el futuro supone un domicilio demasiado inestable. Es el presente lo que tiene aroma de hogar. Vive con gratitud cada día por las bendiciones que hoy te regala el Señor.

Dad gracias en todo, porque esta es la voluntad de Dios para con vosotros en Cristo Jesús.

(1 Tesalonicenses 5:18)

ORACIÓN

Señor, cada día despierto dándote gracias. Un nuevo día es un nuevo regalo que me das, y no quiero tomar en poco esta hermosa dádiva que es la vida. Tu amor y generosidad son incomparables, gracias por este presente tan maravilloso con aroma de hogar.

DÍA 7

EMOCIONES TÓXICAS

Vigila siempre la intensidad de tus emociones, no te dejes seducir ciegamente.

Mi corazón está dolorido dentro de mí, y terrores de muerte sobre mí han caído. (Salmos 55:4)

ORACIÓN

Padre, sé que mis emociones me han traicionado porque me dejé engañar al escoger y perseverar en una relación dañina. Hoy busco la verdadera paz que viene de ti, y te pido discernimiento. Te entrego cada uno de mis pensamientos y mis sentimientos, los pongo a tus pies y me decido a ver las situaciones que me rodean desde tus ojos, y no desde mis ojos carnales, que pretenden justificar lo injustificable. En el nombre de Jesús. Amén.

DÍA 8

CEGUERA

Las regiones del cerebro que activan los sentimientos de amor, desactivan el juicio social. Por eso se dice que el amor es ciego.

*Porque por **amor** de ti he sufrido afrenta; confusión ha cubierto mi rostro.* (Salmo 69:7)

ORACIÓN

Bendito Padre, dame claridad en mis pensamientos y en mis ojos espirituales a la hora de expresar amor. Permíteme que fluya desde ti, no desde mi propio juicio, que suele ser equivocado. Si tú eres mi fuente de amor, mis relaciones serán justas y de bendición. Quiero aprender a amar con los sentidos correctos. En el nombre de Jesús, amén.

DÍA 9

AMOR SENSATO

Amar no es mirarse uno al otro, sino mirar ambos en la misma dirección. Elige amar con sabiduría.

*Si dos durmieren juntos, se calentarán mutuamente; mas ¿cómo se calentará uno solo? Y si alguno prevaleciere contra uno, dos le resistirán; y cordón de tres dobleces no se rompe pronto. Y si alguno prevaleciere contra uno, dos le resistirán; y cordón **de tres** dobleces no se rompe pronto.*

(Eclesiastés 4:11-12)

ORACIÓN

Hoy, Señor, anhelo amar como tú lo haces, elijo amar con sabiduría. Te pido que mis relaciones sean fructíferas, llenas de paz, y que bendigas a la persona que has puesto en mi vida, para que ambos vayamos en la única dirección en la que todo irá bien: cuando somos tres contigo. Queremos estar bajo tu dirección, Señor. En el nombre de Jesús. Amén.

DÍA 10

RESPETO

Amar es también respetar.

Respeten a todos y amen a la familia de creyentes. Teman a Dios y respeten al rey. (1 Pedro 2:17, NTV)

ORACIÓN

Padre mío, quiero expresar el amor de manera correcta, y anhelo que el respeto sea el sello en mis relaciones con los demás. Te ruego que tu benignidad me llene; con ella quiero bendecir y respetar a los demás, y ser consciente del respeto que merece mi persona. Gracias por tu cuidado. En el nombre de Jesús. Amén.

DÍA 11

VALORES EN COMÚN

Cuando inicies una relación con alguien, es importante coincidir en los valores. ¡Sé prudente!

> *No os unáis en **yugo desigual** con los incrédulos; porque ¿qué compañerismo tiene la justicia con la injusticia? ¿Y qué comunión la luz con las tinieblas?* (2 Corintios 6:14)

ORACIÓN

Padre Celestial, ayúdame a elegir de la manera correcta y a estar siempre en sintonía con tu Palabra. Te ruego que pongas en mi camino personas que te amen y que te pongan como centro de su universo. Entiendo, Señor, que al asociarnos a alguien que va en dirección hacia ti, terminaremos coincidiendo de la manera más hermosa. En el nombre de Jesús. Amén.

DÍA 12

VISIÓN

La diferencia entre un visionario y un fantasioso es que el primero sueña y a continuación despierta para perseguir el sueño, pero el segundo nunca deja de soñar porque vive durmiendo. En definitiva, el fantasioso tiene sueño, por eso vive dormido y el visionario tiene *un* sueño que no lo deja dormir.

> *Aunque la visión tardará aún por un tiempo, mas se apresura hacia el fin, y no mentirá; aunque tardare, espéralo, porque sin duda vendrá, no tardará.* (Habacuc 2:3)

ORACIÓN

Señor, quiero ser alguien con visión, pero con visión de Reino. Quiero que me guíes en cada paso, que tus alas me ayuden a volar, y que tus pensamientos sean los míos. En el nombre de Jesús, amén.

DÍA 13

TORMENTAS

Hay tormentas que nos pillan sin paraguas, o tal vez lo tenemos, pero la tempestad es de tal calibre que nos lo arranca. La borrasca puede llegar sin previo aviso y arrebatar todas las defensas y calar el alma.

*Se levantarán **tempestades**, mas no prevalecerán; bramarán sus ondas, mas no lo pasarán.* (Jeremías 5:22)

ORACIÓN

Dame fuerzas, Señor, para enfrentar las tormentas. Ellas llegarán sin previo aviso, pero yo me sostendré de tu mano, abrazaré tus promesas y me llenaré de ti. Tú dices en tu Palabra que las tormentas no prevalecerán y yo te creo. Gracias por estar ahí, siempre cuidándome y sosteniéndome con tu diestra. En el nombre de Jesús. Amén.

DÍA 14

PROTECCIÓN

¿**R**ecuerdas cuando tu niña se sentaba sobre tus rodillas y te pedía que le contases cuentos, o se negaba a salir a pasear si no la llevabas en sus brazos? Ellas crecen, y necesitan de un padre presente en todo momento.

Oye, oh Jehová, una causa justa; está atento a mi clamor. Escucha mi oración hecha de labios sin engaño.

(Salmos 17:1)

ORACIÓN

Padre, dame el valor y la sabiduría de ser como tú, y proteger a mis hijas contra todo el que vaya en su contra. En ocasiones tendré que protegerlas de ellas mismos, contra lo que sienten o contra quienes escogen como parejas. Dame la oportunidad de ayudarles a ordenar sus prioridades y medir sus emociones. Dame, además, las estrategias perfectas para ganar estas batallas. En el nombre de Jesús. Amén.

DÍA 15

TRAICIÓN

La traición duele siempre, pero cuando llega del ser que ha sido el centro de tu vida, no lastima, sino que destruye.

Mejor es confiar en Jehová que confiar en el hombre. Mejor es confiar en Jehová que confiar en príncipes.

(Salmos 118:8-9)

ORACIÓN

Señor, hoy me presento ante ti tal como soy: vulnerable, sin defensas, con el corazón debilitado y quebrantado por la traición. Lo hago para encontrar en ti fuerzas, valentía y coraje. Sé, Padre mío, que las traiciones no faltarán, pero sé también que tampoco faltará tu diestra sobre mí, y ella irá siempre conmigo. En el nombre de Jesús. Amén.

DÍA 16

FUERA LO TÓXICO

Todos necesitamos que llegue el momento donde tenemos que ventilar el alma, desabrocharnos el corazón y vaciarlo de tanta toxicidad acumulada.

Purifícame con hisopo, y seré limpio; lávame, y seré más blanco que la nieve. (Salmos 51:7)

ORACIÓN

¡Necesito de ti, Señor! Necesito que me purifiques. ¡Tengo el alma cargada con tanto y tanto que me ha tocado vivir! Pero sé que, aunque no te pueda ver, allí estás, esperándome, dispuesto a limpiarme con un abrazo sanador. Gracias, Señor, por restaurar mi interior. Y librarme de aquello y de las personas que intentan envenenar mi vida y apartarme de lo bueno que tienes para mí. En el nombre de Jesús. Amén.

DÍA 17

AMOR INCONDICIONAL

Todos tenemos defectos, y en las relaciones humanas debemos enfocarnos en los puntos fuertes del otro y no en sus debilidades.

Amarás a tu prójimo como a ti mismo. No hay otro mandamiento mayor que estos. (Marcos 12:30-31)

ORACIÓN

Bendito seas, Señor, porque me permites amar a las personas tal y como son, y ver en ellas todo lo bueno que tú ves. Abre mi corazón de tal modo que pueda enfocarme solo en eso, y permite que mi alma sea tolerante ante las debilidades del otro, dándome la forma de envolver en amor aquellas grietas. En el nombre de Jesús. Amén.

DÍA 18

NUEVO CULTIVO

La desgracia se agranda si te obcecas en lo malo. No debemos desechar a alguien porque no nos da aquello que esperábamos; si un huerto no da lechugas, no se deja yermo, se intenta otro cultivo.

¿Desechará el Señor para siempre, y no volverá más a sernos propicio? (Salmos 77:7)

ORACIÓN

Gracias, Señor, porque no me desechaste aun a pesar de tantas imperfecciones en mí. Puedo ver tu ejemplo y lo seguiré: yo tampoco desecharé a alguien porque no me da lo que espero. Procuraré un nuevo cultivo, en esa persona o en otra a quien tú me dirijas. En el nombre de Jesús. Amén.

DÍA 19

PALABRAS MALICIOSAS

No permitas que otros utilicen sus palabras como cuchillos que hieren tu corazón y abran una brecha dentro de él. Tú vales, y mucho.

> *La muerte y la vida están en poder de la lengua, y el que la ama comerá de sus frutos.* (Proverbios 18:21)

ORACIÓN

Señor, cubre mi corazón de las lenguas afiladas, dame la capacidad de resistir los embates de las palabras de los demás. Mi valor no reside en lo que otros dicen de mí, sino en lo que tú dices de mí. Soy tu creación, soy amado por ti, y esa será siempre mi esencia. En el nombre de Jesús. Amén.

DÍA 20

COMPRENSIÓN

En ocasiones no son respuestas lo que necesitamos, sino comprensión y sabernos amados, abrazados.

He visto sus caminos; pero le sanaré, y le pastorearé, y le daré consuelo a él y a sus enlutados.   (Isaías 57:18)

ORACIÓN

Hoy, Señor, te doy gracias porque me has consolado. Dame esa misma capacidad de dar amor incondicional, y de ser aquel hombro que otros necesitan. Que mi corazón esté listo para servir; que mi tiempo para los demás sea el bálsamo que necesitan. ¡Gracias por permitirme ser una herramienta a tu servicio! En el nombre de Jesús. Amén.

DÍA 21

DIOS SANA LAS HERIDAS

Cuando sientas que estás derrotada y que las heridas son profundas, deja que el Cirujano Divino cierre la brecha. Él conoce perfectamente dónde está el daño, y sabe también cómo curarlo.

Él sana a los quebrantados de corazón, Y venda sus heridas. (Salmos 147:3)

ORACIÓN

Padre, tú eres el mejor doctor y la mejor medicina del alma. Te ruego que sanes mis heridas. Lléname de tu gracia, ten misericordia de mí y extiéndeme tu amor. Reconozco que sin ti estoy perdido y que mis heridas no sanarían, pero hoy clamo a ti para que intervengas sobrenaturalmente. En el nombre de Jesús. Amén.

DÍA 22

SER PADRE

Si eres padre o madre, tienes que darte cuenta de que es inútil reprochar la ingenuidad y cebarse en la crítica cuando tus hijos cometen errores.

Y todos tus hijos serán enseñados por Jehová; y se multiplicará la paz de tus hijos. (Isaías 54:13)

ORACIÓN

Gracias por el privilegio de ser padre/madre, Señor. Hoy te pido sabiduría para administrar la vida de mi descendencia y tomar las mejores decisiones para ellos. Aleja de mí la crítica y los reproches, y permite que el amor sin condiciones sea lo que me defina como padre o madre. En el nombre de Jesús. Amén.

DÍA 23

PADRE SABIO

Las rodillas raspadas se curan mucho más rápido que los corazones rotos. Cuida cada palabra que les das a tus hijos.

Padres, no exasperéis a vuestros hijos, para que no se desalienten. (Colosenses 3:21)

ORACIÓN

Señor, entiendo mi responsabilidad de ser padre. Te ruego que me des las palabras adecuadas para dirigirlos. Aleja de mí la ira y las expresiones inadecuadas, lléname de paz y sabiduría para no dañar la identidad de mis hijos. Quiero seguir tu ejemplo como Padre amoroso y sabio. En el nombre de Jesús. Amén.

DÍA 24

AMARTE A TI MISMA

En el proceso de amar demasiado a alguien, lo más doloroso es perderte a ti mismo y olvidar que tú también eres especial.

Amarás a tu prójimo como a ti mismo. (Mateo 22:39)

ORACIÓN

Padre, hoy te ruego que, en el proceso de establecer una relación, el amor sea verdadero y enriquezca mi vida. Que ese amor también sea sano, que no dañe a ninguno, y que la valía de cada uno esté cimentada en ti. Pero, ante todo, recuérdame siempre que, para amar a mi prójimo, debo amarme primero a mí mismo. En el nombre de Jesús. Amén.

DÍA 25

ORAR

La fe es un baluarte firme en medio de las tormentas. La oración es un camino seguro hacia la paz. Dedica a la oración un espacio cada día.

> *No se preocupen por nada; en cambio, oren por todo. Díganle a Dios lo que necesitan y denle gracias por todo lo que él ha hecho.* (Filipenses 4:6, NTV)

ORACIÓN

Hoy, querido Padre, me doy cuenta de lo importante que es tener la oración como una poderosa herramienta de paz. Te doy gracias por establecer un puente de comunicación con tus hijos, y te prometo ser intencional en comunicarme contigo siempre, expresándote mi gratitud, y poniendo delante de ti mis necesidades. En el nombre de Jesús. Amén.

DÍA 26

MIEDO

Nunca entregues al miedo esa chispa de esperanza que conservas en tu interior, porque tu corazón volverá a arder con ilusión. ¡Dios tiene planes de bien para ti!

Porque yo sé los pensamientos que tengo acerca de vosotros, dice Jehová, pensamientos de paz, y no de mal, para daros el fin que esperáis. (Jeremías 29:11)

ORACIÓN

Señor, quiero vivir con esperanza, aquella que solo la da el vivir por ti y para ti. Renuncio a todo espíritu de pesimismo y falta de fe, y le abro las puertas a los planes de bien que siempre tienes para nosotros. ¡Gracias por mi presente y mi futuro, Señor! En el nombre de Jesús. Amén.

DÍA 27

AMOR VERDADERO

Uno no destruye a la persona que ama.

El amor es sufrido, es benigno; el amor no tiene envidia, el amor no es jactancioso, no se envanece; no hace nada indebido, no busca lo suyo, no se irrita, no guarda rencor.

(1 Corintios 13:4-5)

ORACIÓN

Padre bueno, que mi amor siempre construya; que sea una bendición para la persona que lo recibe, y que sea fiel reflejo de lo que dicen las Escrituras. Dame la capacidad de distinguir, de parte de otras personas, entre el amor verdadero y aquellas acciones negativas disfrazadas de amor. En el nombre de Jesús. Amén.

DÍA 28

PERDONAR

En ocasiones tienes que caminar por los escombros de los recuerdos, pero lo que te aliviará será perdonar, aunque cueste.

Y cuando estéis orando, perdonad, si tenéis algo contra alguno, para que también vuestro Padre que está en los cielos os perdone a vosotros vuestras ofensas.

(Marcos 11:25)

ORACIÓN

Padre, llena mi vida de perdón, un perdón genuino, que me ayude a dejar atrás para siempre aquellas experiencias que no fueron gratas. Así como tú eres un gran perdonador, yo quiero ser capaz de perdonar y hacer más liviano mi camino. En el nombre de Jesús. Amén.

DÍA 29

ODIO

El odio es como una cadena que te mantiene atada, mientras que el perdón es la tijera que corta las amarras y te permite navegar de nuevo con toda libertad.

¿Qué Dios como tú, que perdona la maldad, y olvida el pecado del remanente de su heredad? No retuvo para siempre su enojo, porque se deleita en misericordia.

(Miqueas 7:18)

ORACIÓN

Líbrame, oh Señor, de todo odio que albergue en mi corazón. Sana mis heridas con el poder del Espíritu Santo y deja fluir el perdón que cura y restaura. En el nombre de Jesús. Amén.

DÍA 30

LIBRE

Todo lo que ocurrió en tu pasado no es para que te hagas presa de él. Fue una lección, no una cadena perpetua.

Muchas son las aflicciones del justo, pero de todas ellas le librará Jehová. (Salmos 34:19)

ORACIÓN

Dime lo que tengo que aprender de aquello que ha ocurrido en mi vida y que no me gusta. Espíritu Santo, pule mi carácter y guíame hacia las lecciones a través de todas mis experiencias de vida. En el nombre de Jesús. Amén.

DÍA 31

OFENSAS

Nadie se halla capacitado para ofendernos con actitudes o palabras: es solo nuestra inseguridad la que se siente atacada y pone en guardia nuestras defensas.

La cordura del hombre detiene su furor, y su honra es pasar por alto la ofensa. (Proverbios 19:11)

ORACIÓN

Dios todopoderoso, guarda mi corazón para no albergar ofensa en él. Dame un carácter seguro, definido en quien verdaderamente soy: un hijo tuyo. Que mis reacciones sean en control, y que el dominio propio sea mi compañero. En el nombre de Jesús. Amén.

DÍA 32

LA ADVERSIDAD CAPACITA

La adversidad es una extraordinaria maestra. Lo que has vivido, el dolor por el que sigues pasando aún, lejos de incapacitarte, te está capacitando.

En el día del bien goza del bien; y en el día de la adversidad considera. Dios hizo tanto lo uno como lo otro, a fin de que el hombre nada halle después de él. (Eclesiastés 7:14)

ORACIÓN

Gracias por cada experiencia vivida, Padre mío. Gracias por cada triunfo, y aun gracias por cada dolor. Cada situación que me permites experimentar está formando la persona que tú quieres que sea. Que tu propósito se cumpla hoy y siempre. En el nombre de Jesús. Amén.

DÍA 33

LA PENA TE ABRIÓ LOS OJOS

Si esa pena te rompió el alma, pero te abrió los ojos, quédate con esa victoria, y acude al Cirujano Divino. Él, con hilo de oro, sutura el corazón más desgarrado.

Y Jehová va delante de ti; él estará contigo, no te dejará, ni te desamparará; no temas ni te intimides.

(Deuteronomio 31:8)

ORACIÓN

Señor, no cuento con nadie más que contigo para reparar mi alma por todas las penas que han llegado a ella. Sáname, restáurame; solo tú puedes convertir un corazón de piedra en un corazón de carne. No hay nadie como tú. En el nombre de Jesús. Amén.

DÍA 34

RESTAURACIÓN

De las ruinas que otros dejaron, Dios levantará un palacio.

Y los tuyos edificarán las ruinas antiguas; los cimientos de generación y generación levantarás, y serás llamado reparador de portillos, restaurador de calzadas para habitar.

(Isaías 58:12)

ORACIÓN

Qué alegría, Señor, saber que eres especialista en reparar corazones rotos, almas destrozadas y mentes contaminadas. No tengo temor de lo que ocurra, porque sé que tu mano poderosa estará siempre conmigo. ¡Gracias por tu cuidado! En el nombre de Jesús. Amén.

DÍA 35

FE EN LAS PERSONAS

No pierdas la fe en las personas. Por evitar a los que amargan puedes rechazar a quienes llenarían tu vida de dulzura.

Por Jehová son ordenados los pasos del hombre, y él aprueba su camino. (Salmos 37:23)

ORACIÓN

Padre, mi sufrimiento ha sido mayúsculo, mi dolor ha sido grande, y en mi desesperación, estoy perdiendo la fe en los demás. Te ruego que me des discernimiento para apreciar a las personas que me envías con aceite fresco para mi vida. En el nombre de Jesús. Amén.

DÍA 36

SER FELIZ

La mejor manera de ser feliz con alguien es aprender a ser feliz solo; así, la compañía es una elección, no una necesidad.

Y el segundo es semejante: Amarás a tu prójimo como a ti mismo. (Mateo 22:39)

ORACIÓN

Señor, quiero apreciar mi vida como tú la aprecias, y anhelo valorarme como tú lo haces. Quiero aprender a amarme para amar a los demás. ¡Haz que mi vida sea un depósito de amor, listo para mí y para los demás! En el nombre de Jesús. Amén.

DÍA 37

ENVIDIA

La envidia es una admiración mal gestionada. Aprendamos a canalizarla y seremos felices.

El corazón apacible es vida de la carne; mas la envidia es carcoma de los huesos. (Proverbios 14:30)

ORACIÓN

Amado Padre Celestial, si he albergado algún residuo de envidia al ver lo que tienen los demás, te ruego que me perdones. Quiero ser libre y ser capaz de alegrarme con mi hermano. Solo tú puedes darme la capacidad de admirar las bendiciones de otros. En el nombre de Jesús. Amén.

DÍA 38

CERCA DE DIOS

Nunca te enamores de alguien que te aleje de Dios.

No os unáis en yugo desigual con los incrédulos; porque ¿qué compañerismo tiene la justicia con la injusticia? ¿Y qué comunión la luz con las tinieblas? (2 Corintios 6:14)

ORACIÓN

Padre de bondad, quiero deleitarme siempre en tu amor, tal como lo hacía el salmista; y anhelo que este deleite lo comparta la persona de quien me enamore. Pon en mi camino a alguien que te ame, que reconozca que tú eres el camino, la verdad y la vida. En el nombre de Jesús. Amén.

DÍA 39

AMAR A DIOS

La persona correcta para ti, también hará que te enamores de ti, y que te enamores de Dios.

Y amarás al Señor tu Dios con todo tu corazón, y con toda tu alma, y con toda tu mente y con todas tus fuerzas. Este es el principal mandamiento. (Marcos 12:30)

ORACIÓN

Te amo, Dios. Eres el centro de mi vida, y quiero compartirla con alguien que te ame con la misma pasión que yo lo hago. Sé que la persona que elijas para mí me ayudará a quererme como es debido, y a amarte como un hijo ama a su padre. En el nombre de Jesús. Amén.

DÍA 40

FLORECE

No te quedes en un lugar en el que no puedas florecer, aunque te guste.

Jehová cumplirá su propósito en mí; Tu misericordia, oh Jehová, es para siempre; No desampares la obra de tus manos. (Salmos 138:8)

ORACIÓN

Señor, desde el fondo de mi corazón te pido que tu propósito se cumpla en mí. No quiero dejarme llevar por lo que veo, sino por aquel plan maestro que tú tienes para mí, y que quizá mis ojos no ven. Quiero ser usado para tu gloria, hoy y siempre. En el nombre de Jesús. Amén.

DÍA 41

MUJER, ÁMATE

Ponte guapa para ti, sonríe para ti, haz planes para ti, sé feliz para ti; y si él quiere compartirlo contigo, bien, y si no, más para ti. ¡Mujer, eres un tesoro!

Mujer virtuosa, ¿quién la hallará? Porque su estima sobrepasa largamente a la de las piedras preciosas.

(Proverbios 31:10)

ORACIÓN

Sé cuánto me amas, Señor… Sé que soy una mujer valiosa y una creación única. Me daré mi lugar ante una relación con un hombre. Sé que, si ese hombre te ama, me amará como es debido, porque todo amor que viene de ti es un amor bueno. ¡Gracias por haberme hecho tal como soy, Señor! En el nombre de Jesús. Amén.

DÍA 42

RESTITUCIÓN

Todo lo que el mal pueda haberte robado, Dios te lo devuelve multiplicado.

De cierto, de cierto os digo, que, si el grano de trigo no cae en la tierra y muere, queda solo; pero si muere, lleva mucho fruto. (Juan 12:24)

ORACIÓN

Mi confianza está puesta solo en ti, Dios todopoderoso. Ningún mal irá más allá de tus planes de bien. Estoy seguro de que todo lo robado por el enemigo será restituido y multiplicado por ti. Gracias, Señor. En ti encuentro solo abundancia. En el nombre de Jesús. Amén.

DÍA 43

FE

Mantén la fe; no dejes que nadie te la arrebate. Custódiala como a un tesoro, porque frente a la aflicción, ese sentimiento gris y feo y que ensucia el alma, la fe es un detergente que blanquea y robustece.

Es, pues, la fe la certeza de lo que se espera, la convicción de lo que no se ve.   (Hebreos 11:1)

ORACIÓN

Mi fe será inquebrantable porque mis ojos están puestos en ti, Señor. Frente a la duda y al panorama sombrío, esa fe me sostendrá y me guiará. Gracias, Padre, porque, aunque muchas cosas no las veo claras con mis ojos, en mi corazón ya aparecen como entregadas. ¡Gracias! En el nombre de Jesús. Amén.

DÍA 44

CONOCER LA VIDA

Se necesita naufragar alguna vez para entender que no cualquier luz es un faro, pero no permitas que un naufragio te haga aborrecer el mar. Solo viviendo y amando somos capaces de conocer la vida.

En el día del bien goza del bien; y en el día de la adversidad considera. Dios hizo tanto lo uno como lo otro, a fin de que el hombre nada halle después de él. (Eclesiastés 7:14)

ORACIÓN

Amado Padre, ¿qué puedo hacer sino agradecerte por todo lo que he vivido? Hoy entiendo que mis naufragios me enseñan y me hablan sobre el camino que debo tomar. Prometo aprender de cada experiencia, y en todo momento diré: "¡El Señor está conmigo!". En el nombre de Jesús. Amén.

DÍA 45

LUCHA POR PERDONAR

Guardar resentimiento es como sacar mil fotocopias del dolor vivido. Lucha con todas tus fuerzas para ser capaz de perdonar.

Porque si perdonáis a los hombres sus ofensas, os perdonará también a vosotros vuestro Padre celestial. (Mateo 6:14)

ORACIÓN

¡Lucharé, mi Señor! ¡Lucharé con todas mis fuerzas para perdonar! Porque... ¿quién soy yo para mostrarme tan mezquino con el perdón habiendo sido perdonado por ti? No dejaré que el dolor me siga consumiendo, sino que actuaré a semejanza de Cristo. En el nombre de Jesús. Amén.

DÍA 46

EN COMPAÑÍA

Lo mejor siempre será hacer el camino en compañía de quienes te aman de verdad.

Finalmente, sed todos de un mismo sentir, compasivos, amándoos fraternalmente, misericordiosos, amigables...

(1 Pedro 3:8)

ORACIÓN

Gracias, Señor, por la familia y amigos que me rodean. Has puesto a mi lado personas incondicionales que me aman y buscan mi bien, y eso es un gran privilegio. ¡Gracias por bendecirme con ángeles aquí en la tierra! En el nombre de Jesús. Amén.

DÍA 47

SUPERACIÓN

Muchos hijos e hijas de la crisis serán padres y madres de un gran futuro, porque la peor crisis puede erigirse en el mejor maestro y la gran adversidad en ciencia de aprendizaje.

Tal es la generación de los que le buscan, de los que buscan tu rostro, oh Dios de Jacob. (Salmos 24:6)

ORACIÓN

Padre Celestial, oro por el futuro de las personas que han crecido en medio de crisis severas. Bendigo sus vidas, y te pido que transformes cada mala experiencia en un aprendizaje que los haga cada día mejores con sus próximas generaciones. Que al buscar tu rostro vean los hermosos planes de bien que tienes para ellos. En el nombre de Jesús. Amén.

DÍA 48

LUZ

Un abismo puede ser el atajo a una cumbre de belleza insondable. La luz es la otra cara de la sombra, hay que atravesar la sombra para llegar a la luz.

El sufrimiento me hizo bien, porque me enseñó a prestar atención a tus decretos. (Salmos 119:71, NTV)

ORACIÓN

Hoy, Señor, reconozco que me cuesta agradecerte por los abismos en mi vida, pero he comprendido que en ocasiones hay que atravesarlos para encontrar la luz de tu dirección. Señor... ¡gracias aún por esos abismos! Ellos me hicieron prestarte atención, y hoy mi vida es diferente. En el nombre de Jesús. Amén.

DÍA 49

PROPÓSITO; NO ACCIDENTE

No fuiste un accidente. Hay un propósito para tu vida. Puede que haya padres por accidente, pero no hay hijos por accidente. Aunque tus padres no te planearan, Dios sí; Él quería que vivieras.

Porque somos hechura suya, creados en Cristo Jesús para buenas obras, las cuales Dios preparó de antemano para que anduviésemos en ellas. (Efesios 2:10)

ORACIÓN

Hoy lo confieso una vez más: no soy un accidente, tengo un propósito en esta vida. Tú me viste desde la eternidad, Señor, me escogiste, y aquí estoy, dispuesto a ser una herramienta tuya para la extensión de tu Reino. ¡Gracias por escogerme! ¡Gracias por diseñarme desde la eternidad! En el nombre de Jesús. Amén.

DÍA 50

AMOR NO APLICABLE

Debo creer, esperar y soportar.

Porque tú nos probaste, oh Dios; nos ensayaste como se afina la plata. (Salmos 66:10)

ORACIÓN

Oh, Dios, te pido por las personas que no son conscientes de la toxicidad de su relación de pareja, y pretenden aplicar la Palabra para salvar lo insalvable. Abre sus ojos para que disciernan lo que no es de Dios y no usen tu Palabra como excusa. Revélate a ellos, Padre. Dales tu sabiduría y sostenlas con tu diestra porque te necesitan. En el nombre de Jesús. Amén.

DÍA 51

DECEPCIÓN

La decepción siempre obra como un martillo que golpea. A quien es de cristal, lo rompe, a quien es de hierro, lo forja. Dios utilizará el dolor para forjar en ti un instrumento de honra.

Y no solo esto, sino que también nos gloriamos en las tribulaciones, sabiendo que la tribulación produce paciencia; y la paciencia, prueba; y la prueba, esperanza.

(Romanos 5:3-4)

ORACIÓN

Padre, te agradezco por sacar lo mejor de mí y convertirme en un instrumento de honra. Todas las aflicciones que he pasado me han forjado, como si fuera hierro, y ahora puedo ver que aquellas pruebas me hicieron más fuerte. ¡Bendito seas, Señor! En el nombre de Jesús. Amén.

DÍA 52

IMPOSIBLE

Cuando Dios quiere hacer un pequeño milagro, permite que sus hijos vivan una situación difícil. Cuando quiere obrar un gran milagro, tolera situaciones imposibles.

Él les dijo: Echad la red a la derecha de la barca, y hallaréis. Entonces la echaron, y ya no la podían sacar, por la gran cantidad de peces. (Juan 21:6)

ORACIÓN

¡No dejo de admirar tus grandes obras, mi Dios! Tus milagros en mi vida no dejan de sorprenderme. Gracias por esas situaciones que parecían imposibles de resolver, porque de ahí sacaste no solo una enseñanza, sino también la luz para el camino que debo tomar. ¡Bendito eres! En el nombre de Jesús. Amén.

DÍA 53

ALFARERO

Cuando quiebren tu corazón, el divino Alfarero tomará los pedazos y levantará con ellos una obra de arte. No lo reconstruirá, porque eso se hace con las ruinas... las obras de arte se restauran.

Venid y volvamos a Jehová; porque él arrebató, y nos curará; hirió, y nos vendará. (Oseas 6:1)

ORACIÓN

¡Qué paz me traes, Señor, ¡al decirme que me restaurarás! Gracias por hacer una obra de arte con los pedazos que quedaron de mí. Tú eres mi consuelo en medio de mi desesperación. Llename de tu amor y tu misericordia, porque solo lleno de ti podré vivir en paz. En el nombre de Jesús. Amén.

DÍA 54

COSECHA

Dios te recordará que nunca dejó de amarte y que las lágrimas que derramaste solo lograron lavar tus ojos y regar la tierra de la que ahora surgirá una impresionante cosecha de sonrisas.

Aunque ande en valle de sombra de muerte, no temeré mal alguno, porque tú estarás conmigo; tu vara y tu cayado me infundirán aliento. (Salmos 23:4)

ORACIÓN

Bendito Dios, gracias por nunca dejar de amarme. Tú eres mi refugio y mi fortaleza. Acompáñame siempre; yo solo puedo seguir si tú estás a mi lado, tu presencia es la que me fortalece y me anima a seguir adelante en medio de las dificultades. ¡Contigo puedo cosechar sonrisas! Gracias. En el nombre de Jesús. Amén.

DÍA 55

LO NUEVO

Dios jamás borra si no es para escribir algo nuevo.

*De modo que, si alguno está en Cristo, nueva criatura es;
las cosas viejas pasaron; he aquí todas son hechas nuevas.*

(2 Corintios 5:17)

ORACIÓN

Padre, tú todo lo haces nuevo. Gracias por reescribir mi historia llena de errores y desaciertos. Sé que tus planes siempre son de bien, aun cuando borras de mi vida personas o situaciones. Confío en ti y sé que cuando estás al timón de mi vida, todo obra para bien. En el nombre de Jesús. Amén.

DÍA 56

ALAS

Probablemente llegue a tu vida un momento en el que creas que todo ha terminado, mas ese será el principio. Tras muchos tropiezos verás que es difícil caer, porque te crecieron alas en las cicatrices.

He aquí que yo hago cosa nueva; pronto saldrá a luz; ¿no la conoceréis? Otra vez abriré camino en el desierto, y ríos en la soledad.   (Isaías 43:19)

ORACIÓN

Mi Dios, hoy puedo ver con más claridad el futuro porque me muestras que siempre hay más para los que confían en ti. Dame las fuerzas y el valor para sobreponerme a las caídas, y lléname de tu sabiduría para elegir el camino que está dentro de tus planes de bien. En el nombre de Jesús. Amén.

DÍA 57

TESOROS

Mientras llega tu turno de ir por tu victoria, sigue aplaudiendo las victorias de los demás. Y durante la espera confía y observa: en ocasiones hay tesoros ocultos bajo las piedras del camino.

Pero alégrense todos los que en ti confían; den voces de júbilo para siempre, porque tú los defiendes; en ti se regocijen los que aman tu nombre. (Salmos 5:11)

ORACIÓN

Padre mío, espero y confío. No me apuro porque sé que tienes reservadas cosas especiales para mí. Me alegraré del camino que me toca transitar, cantaré alabanzas y bendeciré tu nombre. Siempre me levantaré cada mañana con una palabra de gratitud en los labios. En el nombre de Jesús. Amén.

DÍA 58

RESPUESTAS

No te rindas, la respuesta a tus oraciones comienza en el cielo antes de que la sientas aquí en la tierra.

Y antes que clamen, responderé yo; mientras aún hablan, yo habré oído. (Isaías 65:24)

ORACIÓN

Amado Padre, gracias por responder a mis oraciones en el cielo. Sé que en la tierra las responderás a su debido momento, cuando sea conveniente para mí. Te ruego que el fruto de la paciencia se haga fuerte en mí para saber esperar tus tiempos, que son mejores que los míos. Gracias por escucharme. En el nombre de Jesús. Amén.

DÍA 59

TERMINA A TIEMPO

No te encierres en el foso de un romanticismo envenenado. Hay relaciones de noviazgo que pueden terminar en un vínculo destructivo.

> *El que anda con sabios, sabio será; mas el que se junta con necios será quebrantado.*   (Proverbios 13:20)

ORACIÓN

Padre, dame claridad en mis pensamientos, sobre todo a la hora de establecer relaciones afectivas o terminarlas. Que tu sabiduría impregne mi ser y me guie para tomar decisiones correctas; te entrego mis miedos. Te ruego que alejes de mí a personas destructivas, y que me des discernimiento para evitarlas. En el nombre de Jesús. Amén.

DÍA 60

LEJOS DE UN DEPREDADOR

El mejor divorcio es el que ocurre antes de casarse. Si llegan señales de alerta que te dicen que llegó un depredador, aléjate.

Maridos, amad a vuestras mujeres, así como Cristo amó a la iglesia, y se entregó a sí mismo por ella... (Efesios 5:25)

ORACIÓN

Tú proteges a tus hijas, Señor; cada una de ellas es especial para ti. Por eso te pido hoy por cada mujer que establece una relación con un hombre, para que, a la luz de la Palabra, ellas identifiquen que él debe estar dispuesto a amarlas, así como Cristo amó a su Iglesia. Si no fuera así, dales revelación y valentía para terminar cualquier relación peligrosa. En el nombre de Jesús. Amén.

DÍA 61

EL NOVIAZGO ES PARA OBSERVAR

El noviazgo tiene la función de consolidar, pero también de disuadir. No es ninguna tragedia si un noviazgo debe interrumpirse.

> *La gente puede considerarse pura según su propia opinión, pero el Señor examina sus intenciones.*
>
> (Proverbios 16:2, NTV)

ORACIÓN

Señor, que en cada pareja que se une, caiga una unción de sabiduría, y que esto les permita ir en pos de una relación llena de bendiciones. Haz que esta misma sabiduría los lleve por caminos diferentes, si no está en tus planes esa relación. En el nombre de Jesús. Amén.

DÍA 62

CONTINUAR DUELE MÁS QUE TERMINAR

Toda ruptura es dolorosa, pero cuanto más profundicemos en una relación que evidencia ser destructiva, más desgarrador será el dolor.

¿Hasta cuándo pondré consejos en mi alma, con tristezas en mi corazón cada día? ¿Hasta cuándo será enaltecido mi enemigo sobre mí? (Salmos 13:2)

ORACIÓN

Padre, te ruego por aquellas personas inmersas en relaciones destructivas. Dales claridad en sus pensamientos, que puedan darse cuenta del pozo profundo en el que están cayendo mientras más persisten en esa relación. Que no pierdan de vista su amor propio, y que este amor por sí mismos las lleve a tomar la mejor decisión. En el nombre de Jesús. Amén.

DÍA 63

LA CAÍDA

Recuerda siempre que cuanto más alto escalemos en una cumbre inestable, más dura será la caída.

Antes del quebrantamiento es la soberbia, y antes de la caída la altivez de espíritu. (Proverbios 16:18)

ORACIÓN

Cuida mis caminos, Señor. No permitas que las malas relaciones se perpetúen en mi vida. Orienta mis pasos, mis decisiones, afina mi discernimiento y que mis ojos estén atentos a las señales que están delante de mí. Sé que lo que viene de ti, siempre vendrá con señales de bendición. Gracias por tu cuidado. En el nombre de Jesús. Amén.

DÍA 64

RECONOCE AL DESTRUCTOR

El destructor seduce con palabras, pero destruye con acciones. Cautiva mediante el juego de la seducción, pero luego daña severamente y casi siempre dice que lo hace porque te ama. Su frase es "quien bien te quiere te hará llorar".

Y la lengua es un fuego, un mundo de maldad. La lengua está puesta entre nuestros miembros, y contamina todo el cuerpo, e inflama la rueda de la creación, y ella misma es inflamada por el infierno. (Santiago 3:6)

ORACIÓN

Señor, oramos por las mujeres que tienen delante de sí a un depredador escondido. Despeja la mente de estas mujeres, que se den cuenta de su inmenso valor como creación tuya y sepan tomar distancia de su victimario. Te rogamos que rodees a estas mujeres de personas de bien, que sean ángeles que las lleven por un camino que le ponga fin a esta tortuosa realidad. En el nombre de Jesús. Amén.

DÍA 65

EL MANIPULADOR

Una persona controladora es hábil manipulando. Te hará sentir que eres culpable de que te trate así, y con esa culpa constante sobre ti, entonces ya tiene el control.

El perverso de corazón nunca hallará el bien, y el que revuelve con su lengua caerá en el mal. (Proverbios 17:20)

ORACIÓN

Señor, te ruego que alejes de mi vida a las personas controladoras, y me ayudes a identificar a aquellas que desean hacerme sentir culpable y merecedora de un maltrato. Que mi dignidad esté siempre basada en Aquel de quien soy imagen y semejanza; y ese eres tú, Señor. ¡No dejes de abrazarme, Padre! En el nombre de Jesús. Amén.

DÍA 66

ALÉJATE DEL CONTROLADOR

Una relación tóxica buscará alejarte de tus amistades, familia y de todo tu círculo social. Expresará que no le gustan, por lo que paulatinamente te distanciará de ellos. Te repetirá que solo él (o ella) te ama.

Fieles son las heridas del que ama; pero importunos los besos del que aborrece. (Proverbios 27:6)

ORACIÓN

Señor, te pido que guardes a toda persona involucrada en relaciones tóxicas' trae sobre ellas luz y buen juicio. Que tu Espíritu Santo rompa toda atadura perniciosa y la persona afectada salga de ese círculo vicioso. ¡Rodéala de personas que le hagan bien! Solo el verdadero amor echará fuera el temor, y ese amor viene solo de ti. En el nombre de Jesús. Amén.

DÍA 67

FAMILIA Y AMIGOS CERCA

Recuerda siempre que tanto tus amigos como tu familia son imprescindibles para tener una vida sana y equilibrada.

Donde no hay dirección sabia, caerá el pueblo; mas en la multitud de consejeros hay seguridad. (Proverbios 11:14)

ORACIÓN

Gracias por los amigos y la familia que has puesto a mi lado, Padre Celestial. Permíteme estar atento a los consejos de aquellos quienes buscan mi bien, oír con sabiduría y poner manos a la obra para conseguir una vida equilibrada. ¡Bendice a mi familia y a mis amigos, Señor! En el nombre de Jesús. Amén.

DÍA 68

MANEJO DE RELACIONES

Es válido (y aun lógico) que a ti no te gusten algunas de las personas con las que tu pareja se relaciona y que él o ella no se lleve bien con todos tus amigos. Esto no debe ser motivo de conflicto.

El odio despierta rencillas; pero el amor cubrirá todas las faltas. (Proverbios 10:12)

ORACIÓN

Señor, hoy te pido paz para mi matrimonio, entendimiento y diálogo. Llévate todo conflicto y malentendido. Que nuestras mentes estén limpias de malos pensamientos, y que mis reacciones hacia mi cónyuge sean a partir del fruto del Espíritu obrando en mí. ¡Quiero dar lo mejor de mí, Señor! En el nombre de Jesús. Amén.

DÍA 69

SANIDAD EMOCIONAL

Un proceso de sanidad emocional suele ser tipo "pico de sierra", con altos y bajos inevitables. Cuando te sientas llena de alegría, piensa que no siempre estarás así; cuando sientas que te hundes, recuerda que es algo pasajero.

El corazón alegre constituye buen remedio; mas el espíritu triste seca los huesos. (Proverbios 17:22)

ORACIÓN

Padre mío, aunque sé que la vida no es fácil, sigue siendo difícil para mí llegar a picos altos y bajos. En ocasiones mis emociones me traicionan y mi mente se desborda en todo tipo de pensamientos, ¡es por eso que te necesito tanto, Señor! Que tu paz llegue a mi vida y que permanezca para siempre. En el nombre de Jesús. Amén.

DÍA 70

RED DE APOYO

Nadie debería ponerte en contra de las personas en las que usualmente confiamos y buscamos apoyo. No te aísles, tu familia es tu verdadera red de soporte.

¡Mirad cuán bueno y cuán delicioso es habitar los hermanos juntos en armonía! (Salmos 133:1)

ORACIÓN

Gracias por mi familia, Señor, es mi soporte y mi punto de apoyo en los momento difíciles. Te ruego por todos ellos, para que siempre la unión sea un sello entre todos nosotros. Que la paz y la benignidad nos rodeen, y el buen trato, a pesar de cualquier diferencia, nos identifique. En el nombre de Jesús. Amén.

DÍA 71

SÉ TÚ MISMA

Dios te creó única y maravillosa. Nadie debe decirte cómo vestir o cómo maquillarte. Asimismo, si condicionan el amor a tu físico, esa no es la persona que Dios tiene para ti. ¡Ámate tal y como eres! ¡Eres valiosa!

> *Porque tú formaste mis entrañas; tú me hiciste en el vientre de mi madre. Te alabaré; porque formidables, maravillosas son tus obras; estoy maravillado, y mi alma lo sabe muy bien.* (Salmos 139:13-14)

ORACIÓN

¡Es un privilegio ser hecha a imagen y semejanza tuya, Señor! Sé que valgo mucho tal y como soy; por eso escogeré a alguien que también te ame. Te ruego que tu amor siempre me envuelva, porque al saber que soy amada por ti, mi valía no radica en lo que piensen los demás, sino en lo que tú piensas de mí. ¡Gracias por tu amor, Señor! En el nombre de Jesús. Amén.

DÍA 72

RECIPROCIDAD SIN CUENTAS

Las relaciones estables y saludables tienen un sentido inherente de reciprocidad. Es natural que las dos personas se cuiden mutuamente y no estén llevando la cuenta de cada cosa pequeña o grande que hicieron para ayudar al otro.

> *Porque si cayeren, el uno levantará a su compañero; pero ¡ay del solo! que cuando cayere, no habrá segundo que lo levante.* (Eclesiastés 4:10)

ORACIÓN

Bendigo mi matrimonio, bendigo a mi cónyuge, y clamo a ti, Espíritu Santo, para que permanezcas siempre en medio de nosotros. Te ruego, Señor, que nuestro amor esté por encima de las ofensas, que el perdón sea dado incondicionalmente y que nuestros gestos de amor sean permanentes a través de los años. En el nombre de Jesús. Amén.

DÍA 73

DIGNA DE AMOR

Nunca te alimentes de la mentira que dice que no puedes ser amada por nadie. Dios te hizo con gran valor, como el de las piedras preciosas.

Muchas mujeres hicieron el bien; mas tú sobrepasas a todas. (Proverbios 31:29)

ORACIÓN

Te doy gracias, Señor, por quien soy. Me define tu amor, no las palabras que cualquier persona vierta sobre mí. Me siento digna de ser amada, con un gran valor. Tu amor me hace mantener la frente en alto y caminar orgullosa de ser tu hija. En el nombre de Jesús. Amén.

DÍA 74

CONTROL NO ES AMOR

En algunas relaciones existe algo llamado "control machista". Consiste en insistentes llamadas, incluso en horas intempestivas, así como visitas sorpresivas para cerciorarse de que estás en el lugar que le has dicho. ¡El verdadero amor no se parece en nada a eso!

> *Amados, amémonos unos a otros; porque el amor es de Dios. Todo aquel que ama, es nacido de Dios, y conoce a Dios.* (1 Juan 4:7)

ORACIÓN

Al conocer tu amor, Señor, sé la forma en que debo ser amada. Sé que el "control machista" no debe aparecer nunca en mi vida. Te pido, Padre, que siempre mantengas mi mente clara y mi espíritu libre, de manera que jamás camine en relaciones tóxicas. En el nombre de Jesús. Amén.

DÍA 75

PRESIONES

No cedas a presiones en el ámbito sexual en tu relación. Nadie debe obligarte a hacer algo que no deseas hacer.

El amor... No se comporta con rudeza, no es egoísta.

(1 Corintios 13:5, NVI)

ORACIÓN

Padre, el sexo es un gran regalo que viene con el matrimonio, y como todo lo que has creado, es bueno en gran manera. Me comprometo a honrar este templo del Espíritu Santo que administro, que es mi cuerpo, respetándolo y dando honor a tus mandatos. Gracias por guiarme en todos los aspectos de mi vida, Señor. En el nombre de Jesús. Amén.

DÍA 76

CRÍTICAS DESTRUCTIVAS

La cronificación de la crítica en una relación comienza casi de manera imperceptible. Incluso podríamos acabar convencidos de que los reproches que constantemente nos hacen son justos en intentan ayudarnos a ser mejores. ¡Mírate como Dios te mira, sin críticas destructivas!

Levántate, resplandece; porque ha venido tu luz, y la gloria de Jehová ha nacido sobre ti. (Isaías 60:1)

ORACIÓN

Tú me hiciste para resplandecer, Señor, así lo dice tu Palabra. Mi dignidad está en ser hija tuya; te ruego que alejes de mí las relaciones con constantes reproches. Te prometo, Padre, darme mi lugar como hija tuya, y rehusarme a mirar como algo normal las críticas constantes. En el nombre de Jesús. Amén.

DÍA 77

ACCIONES Y NO PALABRAS

No te dejes atrapar únicamente por las palabras y las promesas de la otra persona. El amor no solo se muestra a través de la consistencia de las palabras, sino, sobre todo, en la coherencia de las acciones y la actitud.

Todas vuestras cosas sean hechas con amor.

(1 Corintios 16:14)

ORACIÓN

Dame, Señor, la sensibilidad para detectar el amor más allá de las palabras. Que ese amor se refleje en acciones de cuidado y cariño. No romperé el corazón de otra persona y tampoco dejaré que rompan el mío con actitudes que no van de acuerdo con tu mandato de hacer todas las cosas con amor. Seré obediente en tu manera de amar, mi Dios. En el nombre de Jesús. Amén.

DÍA 78

SABER PEDIR PERDÓN

No aceptes un "te amo" de alguien que nunca supo pedirte perdón, pues el amor genuino se esmera en derribar muros y construir puentes.

...Soportándoos unos a otros, y perdonándoos unos a otros si alguno tuviere queja contra otro. De la manera que Cristo os perdonó, así también hacedlo vosotros.

(Colosenses 3:13)

ORACIÓN

Señor, gracias por el perdón que nos diste en la cruz. Es el mejor ejemplo de perdón incondicional que debemos llevar a una relación. Desde ahora pensaré en tu sacrificio al momento de dar o recibir perdón, seré generosa en darlo y recibirlo, y no permitiré en mi vida a nadie que no sepa pedir perdón o perdonar. En el nombre de Jesús. Amén.

DÍA 79

AUTENTICIDAD

Los japoneses dicen que tenemos tres caras. La primera: la que mostramos al mundo. La segunda: la mostramos a los más cercanos. La última: no la mostramos a nadie, solo a nosotros mismos. ¡Muéstrate siempre como realmente eres!

Así que Dios creó a los seres humanos a su propia imagen.
A imagen de Dios los creó; hombre y mujer los creó.
(Génesis 1:27, NTV)

ORACIÓN

¡Fui creada a tu imagen! ¡Gracias, Señor! Por eso me mostraré como soy: digna, amable, paciente, gozosa... Te pido, Señor, que me ayudes a ser auténtica en todo momento y, sobre todo, que me permitas mostrar que te pertenezco y que siempre hablaré de ti. En el nombre de Jesús. Amén.

DÍA 80

NO VIVAS EN TENSIÓN

El amor no es sufrimiento. Este es el primer paso a tener en cuenta para no caer en la trampa de una relación destructiva, es decir, un tipo de relación que te quita más de lo que te aporta y te lleva a vivir en una tensión permanente.

Amado, yo deseo que tú seas prosperado en todas las cosas, y que tengas salud, así como prospera tu alma.

(3 Juan 1:2)

ORACIÓN

Gracias, Señor, por recordarme que el amor no es sufrimiento. Espíritu Santo, alértame cuando me aproxime a la trampa de una relación destructiva. Prometo estar atenta a tu susurro, meditando permanentemente tu Palabra y orando en todo tiempo. En el nombre de Jesús. Amén.

DÍA 81

SERENIDAD

Alguien que destruye tu salud mental no puede ser el amor de tu vida. Si aleja de ti la paz, no podrá acercarte la serenidad imprescindible para vivir.

La paz os dejo, mi paz os doy; yo no os la doy como el mundo la da. No se turbe vuestro corazón, ni tenga miedo.

(Juan 14:27)

ORACIÓN

¡Quiero vivir siempre en tu paz, Señor! Por eso te ruego que esa paz que sobrepasa todo entendimiento impregne mi relación. Por mi parte, me comprometo contigo, mi Dios, a ser un agente de paz, esté donde esté. En el nombre de Jesús. Amén.

DÍA 82

CONFIANZA Y RESPETO

La base del amor es la confianza de uno en el otro y, también, el respeto. Cuando es evidente que una relación está destruyéndote (no hablamos de una situación puntual de desacuerdo, sino de una relación destructiva), no conviertas el cariño en excusa para seguir allí.

> *De igual manera, ustedes esposos, sean comprensivos en su vida conyugal, cada uno trate a su esposa con respeto, ya que como mujer es más delicada y ambos son herederos del grato don de la vida. Así nada estorbará las oraciones de ustedes.* (1 Pedro 3:7, NVI)

ORACIÓN

Dios todopoderoso, gracias por abrir aún más mis ojos para interiorizar que el respeto y la confianza son vitales en una relación de pareja. De la misma manera que me esforzaré en brindar ambos elementos, estaré atenta para recibirlos. Anhelo construir una familia que refleje tu amor. En el nombre de Jesús. Amén.

DÍA 83

APOYO PARA SANAR

Rodearse de quienes de verdad te aman, es decir, tu familia, amigos y Dios, es la mejor medicina cuando una relación que no era conveniente llega a su fin. Experimentarás una sanidad progresiva que llegará a ser total y perfecta.

Y el Señor os haga crecer y abundar en amor unos para con otros y para con todos, como también lo hacemos nosotros para con vosotros. (1 Tesalonicenses 3:12)

ORACIÓN

Hoy quiero agradecerte que me rodees de personas que buscan mi bien, Señor. Te doy gracias por mi familia y mis amigos, porque me ayudan a mantener los pies en la tierra y a terminar mi proceso de restauración e inicio de mi nueva vida. Te pido tu bendición para ellos, y que me permitas honrarlos cada día como es debido. En el nombre de Jesús. Amén.

DÍA 84

PLENITUD ESPIRITUAL

La plenitud espiritual te hará mucho más llevadera la crisis emocional. Cuando uno está lleno por dentro, es muy poco lo que necesita por fuera.

Es mi deseo que experimenten el amor de Cristo, aun cuando es demasiado grande para comprenderlo todo. Entonces serán completos con toda la plenitud de la vida y el poder que proviene de Dios. (Efesios 3:19, NTV)

ORACIÓN

¡Cuán hermoso es vivir a plenitud en ti, Señor! Te doy gracias por tu presencia en mi vida, porque me traes paz, y esa paz me lleva a un mejor manejo de mis relaciones. Al estar llena de ti, Señor, sé que podré dar lo mejor de mí, y a la vez recibir amor de la manera correcta. ¡Gracias, Padre! En el nombre de Jesús. Amén.

DÍA 85

DIOS CONTIGO

Ante las crisis emocionales que sobrevengan, Dios está contigo en el proceso, y se ocupará de suturar la herida con hilo y gasas de bendición.

No temas, porque yo estoy contigo; no desmayes, porque yo soy tu Dios que te esfuerzo; siempre te ayudaré, siempre te sustentaré con la diestra de mi justicia. (Isaías 41:10)

ORACIÓN

Quiero tu compañía siempre, Señor. Quiero que nunca te despegues de mi lado. Necesito urgentemente tu presencia para que mis procesos difíciles no sean dolorosos. Gracias por estar allí siempre que te necesito; tu amor incondicional es un bálsamo para mi vida. En el nombre de Jesús. Amén.

DÍA 86

NUNCA LLEGA TARDE

Es imposible que Jesús llegue tarde, porque Él nunca se ha ido. Él está junto a nosotros todos los días, ¡hasta el fin de los tiempos!

Enseñen a los nuevos discípulos a obedecer todos los mandatos que les he dado. Y tengan por seguro esto: que estoy con ustedes siempre, hasta el fin de los tiempos.

(Mateo 28:20, NTV)

ORACIÓN

Jesús amado, saber que estarás conmigo siempre es la mejor noticia para mi vida. Perdóname si a veces siento que no estás junto a mí. Mi soledad dice eso, sin embargo, mi espíritu sabe que tú estás allí. Desde ahora me comprometo a mirarte con el espíritu, de manera que te encuentre siempre. En el nombre de Jesús. Amén.

DÍA 87

DIOS QUITA Y PONE PERSONAS

Hay personas a las que Dios envía a nosotros, y otras a las que Él quita para que nuestra vida sea bendecida y de bendición.

Compañero soy yo de todos los que te temen y guardan tus mandamientos. (Salmos 119:63)

ORACIÓN

Amado Dios, gracias por todas las personas que pones en mi vida, y gracias por las que quitas de ella, ya que es parte de tu cuidado. Te pido que me rodees de personas que te teman y guarden tus mandamientos, de manera que esta unidad me lleve a relaciones buenas y saludables. En el nombre de Jesús. Amén.

DÍA 88

PROVISIÓN

Si Dios vacía unas manos, es para volver a llenarlas.

Mi Dios, pues, suplirá todo lo que os falta conforme a sus riquezas en gloria en Cristo Jesús. (Filipenses 4:19)

ORACIÓN

Tú sabes perfectamente lo que necesito, amado Padre, así que confío en lo nuevo que traerás a mi vida. Me quedaré siempre con las manos extendidas hacia ti porque tú solo me has demostrado cuán grande es tu amor y tu cuidado por mí. ¡Gracias, Señor!

DÍA 89

TIEMPO

Después de una crisis, no tengas prisa en sentirte plenamente bien. Aprende a darle tiempo al tiempo, a esperar el momento. Todo llega cuando tiene que llegar.

> *Pero si esperamos lo que no vemos, con paciencia lo aguardamos.* (Romanos 8:25)

ORACIÓN

Padre, hoy pido que el fruto de la paciencia se manifieste en mi vida. Quiero saber esperar para que mis procesos no sean tan duros. Sé que el sol saldrá, y aunque a veces muestre impaciencia, me quedo con tu abrazo que me hará esperar sin prisa. Gracias por darme lo que necesito, Señor. En el nombre de Jesús. Amén.

DÍA 90

CONFIAR EN ÉL

Al pasar por un momento difícil, nunca te olvides que el Dios todopoderoso, aquel que hizo —y sigue haciendo— incomparable milagros, es el mismo que saldrá por ti. Confía.

Bueno es el Señor; es refugio en el día de la angustia y conoce a los que en él confían. (Nahúm 1:7, NVI)

ORACIÓN

Repite conmigo esta oración:

Señor, realmente no tengo otro refugio más que tú. He probado muchas cosas para librarme de la angustia, y nada me ha funcionado. Sé que estás allí, pero jamás me he atrevido a tocar tu puerta, quizá por miedo a que no respondas.

Sé que este miedo es infundado, lo sé. Sin embargo, he seguido viviendo sin buscarte como tú deseas que te busque: con pasión, con una firme determinación. Al darme cuenta de eso, aquí estoy; con temores, con dudas y con dolor en el corazón.

Hoy quiero pedirte que entres en mi corazón. Perdona mis pecados y límpiame de toda maldad, sé que tú puedes hacer que todas las cosas sean hechas nuevas; y estoy aquí, para que me renueves. Quiero dejar atrás todos los errores que he cometido y quiero empezar de nuevo.

Entra en mi corazón, te lo pido en el nombre de Jesús. Amén.

ACERCA DEL AUTOR

José Luis Navajo es un prolífico novelista que plasma los más altos valores en descripciones minuciosas que nos transportan al mundo del protagonista. Domina las palabras y les imprime un efecto poderoso para misterio o diversión, según la historia. Su autoridad y su sabiduría son testigos de décadas de experiencia como solicitado conferencista internacional, junto a una carrera literaria de más de treinta libros publicados, muchos de ellos éxitos de ventas y favoritos del mundo hispano.

José Luis y su esposa, Gene, llevan casados cuarenta años, y tienen dos hijas: Querit y Miriam; y tres nietos: Emma, Ethan y Oliver.

Conéctese con José Luis Navajo:

https://www.instagram.com/joseluisnavajo/?hl=en

https://www.joseluisnavajo.com/

https://www.facebook.com/AutorJoseLuisNavajo

https://www.pinterest.at/pin/282249101618699148/

https://twitter.com/jlnavajo?lang=en